图解铁路工程施工安全 31

图解铁路工程桩工与水工机械作业安全

张力霆　编著

中国铁道出版社
2012年·北京

图书在版编目(CIP)数据

图解铁路工程桩工与水工机械作业安全/张力霆编著
北京:中国铁道出版社,2012.7
(图解铁路工程施工安全/黄守刚主编)
ISBN 978-7-113-14896-6

Ⅰ.①图… Ⅱ.①张… Ⅲ.①铁路工程—桩工机械—安全技术—图解②铁路工程—水利工程—工程机械—安全技术—图解 Ⅳ.①U215.6-64

中国版本图书馆 CIP 数据核字(2012)第 148925 号

书　　名: 图解铁路工程施工安全
图解铁路工程桩工与水工机械作业安全
作　　者: 张力霆

策划编辑: 许士杰
责任编辑: 许士杰　　**编辑部电话:** (010) 51873204　　**电子信箱:** syxu99@163.com
版式设计: 纪　潇
责任校对: 胡明锋
责任印制: 陆　宁

出版发行: 中国铁道出版社 (100054, 北京市西城区右安门西街 8 号)
网　　址: http://www.tdpress.com
印　　刷: 中国铁道出版社印刷厂
版　　本: 2012 年 7 月第 1 版　2012 年 7 月第 1 次印刷
开　　本: 850 mm×1 168 mm　1/32　印张: 7.25　字数: 189 千
印　　数: 1～3 000 册
书　　号: ISBN 978-7-113-14896-6
定　　价: 30.00 元

前　言

铁路工程建设规模大、施工人员分散、流动性强、机械化程度低、劳动强度高、安全管理人员数量少、临时设施多、职业卫生条件差，加之新材料、新技术、新工艺、新装备大量采用，安全管理任务重，难度大。为解决铁路工程施工安全教育培训难题，编著者们针对铁路工程施工的安全特点，撰写了“图解铁路工程施工安全”系列丛书。

本丛书以最新版铁路工程施工安全技术规程、施工现场临时用电安全技术规范、建筑机械使用安全技术规程等标准、规范、规程为基础，以满足安全管理、安全技术和安全操作三个层次人员的教育培训需要为目标，深入浅出地用图画形式直观、形象地解析了铁路工程施工危险危害因素、安全基本常识、安全技术要点与安全管理注意事项等。

本丛书特别适合作为一线施工人员的安全知识、安全技能学习的自学用书，也可作为安全作业的指导用书，还适合于施工安全管理人员、施工技术人员等参考阅读。

限于编著者们的水平和绘图素材的选取局限性，书中错误和不妥之处在所难免，恳请广大读者批评指正。

本丛书由石家庄铁道大学黄守刚主持编著，铁道部铁路工程技术标准所薛吉岗主持审定。

编著者

2012年7月

目录

Contents

目录

Contents

1　桩工机械

1.1　打桩设备

1.1.1　打桩架

打桩架：（1）桩机的行走、回转及提升桩锤不得同时进行。严禁偏心吊桩。正前方吊桩时，其水平距离要求混凝土预制桩不得大于4m，钢管桩不得大于7m。使用双向导杆时，须待导杆转向到位，并用锁销将导杆与基杆锁住后，方可起吊。

打桩架：（2）风速超过15m/s时，应停止作业，导杆上应设置缆风绳。当风速大到30m/s时，应将导杆放倒。当导杆长度在27m以上时，预测风速达25m/s时。导杆也应提前放下。

（3）当桩的入土深度大于3m时，严禁采用桩机行走或回转来纠正桩的倾斜。

打桩架：（4）拖拉斜桩时，应先将桩锤提升到预定位置，并将桩吊起，套入桩帽，桩尖插入桩位后再仰导杆。严禁导杆后仰以后，桩机回转及行走。桩机带锤行走时，应先将桩锤放至最低位置，以降低整机重心，行走时，驱动液压马达应在尾部位置。

打桩架：（5）上下坡时，坡度不应大于9°，并应将桩机重心置于斜坡的上方，严禁在斜坡上回转。

打桩架：（6）作业后，应将桩架落下，切断电源及电路开关，使全部制动生效。

1.1.2 落锤式打桩机

落锤式打桩机：（1）给桩架铺设的方木道路，如是单根方木道路的接头时，旁边应帮楞头，如是两根以上方木道路的接头时，其接头应交错开。桩架一般应设三根后缆风绳，两侧应各设一根旁缆风绳。

落锤式打桩机：（2）桩架走到位后，应将所有托板用木楔操实，并将桩架临时固定好。

落锤式打桩机：（3）拉上下钩的操作人员，应尽可能离开正前方一定距离。禁止在钩子上加润滑油。桩架一般都应配备桩帽，无帽打桩加垫层的操作，应指定有经验的技术工人担任，并应用工具进行操作。

1.1.3 蒸汽锤打桩机

蒸汽锤打桩机：（1）给走桩架铺设的方木，接头应错开，高差不平时，应用薄板找平，确保龙门垂直。组装桩架和打桩时，桩架或底座不得置于走管两端（即桩架下对称铺设的方木不少于四根），并拉好旁缆风绳。如用地锚卷扬机扳桩架时，地锚应经计算，并将桩架底座合理固定，以防滑动。

蒸汽锤打桩机：（2）走桩架或桩架转向时，桩架应尽可能置于走管当中，并日预先清除路障，将走桩架的副卷扬锁绕在紧靠桩架底座的走管上，其绕向应与主卷扬锁一致，同时切记配合松紧缆风绳。

蒸汽锤打桩机：（3）高压蒸汽胶管接头都应用双道卡子卡紧，并应用铅丝把卡互相牵牢。如进蒸汽管路故障、蒸汽压力消失，以及卷扬机停止工作，应将机器上的一切进气阀关闭，并把放水和放气阀打开，以防锅炉总气阀开动时，卷扬机自行转动。

蒸汽锤打桩机：（4）打桩机走到新桩位后，应及时将桩架左右两根旁缆风绳拉好。使用千斤顶顶桩架时，应遵守千斤顶安全和技术操作规程。

1.1.4　柴油锤打桩机

柴油锤打桩机一般规定：（1）用拉杆调整螺管（松紧螺帽）调整打桩架是否垂直时，必须通过调整螺管内的监视孔观察。为了防止固定螺帽自行松脱，螺杆的下端应用保险螺帽固定，并在操作过程中经常进行检查。严禁汽缸体（活动部分）在悬空状态下走桩架。严禁桩架走到位后，没有固定好就起锤。

柴油锤打桩机一般规定：（2）起锤时应将保险销拉杆，以免整个锤体被吊离桩顶，发生桩头倾倒事故。

柴油锤打桩机一般规定：（3）打桩时，应严格控制油门进油量，谨防汽缸冲撞吊钩。并及时松卷扬绳，以免桩锤打下时猛扭钢丝绳。打桩结束后，应将桩锤放在桩架最低层，汽缸应放在活塞座上。

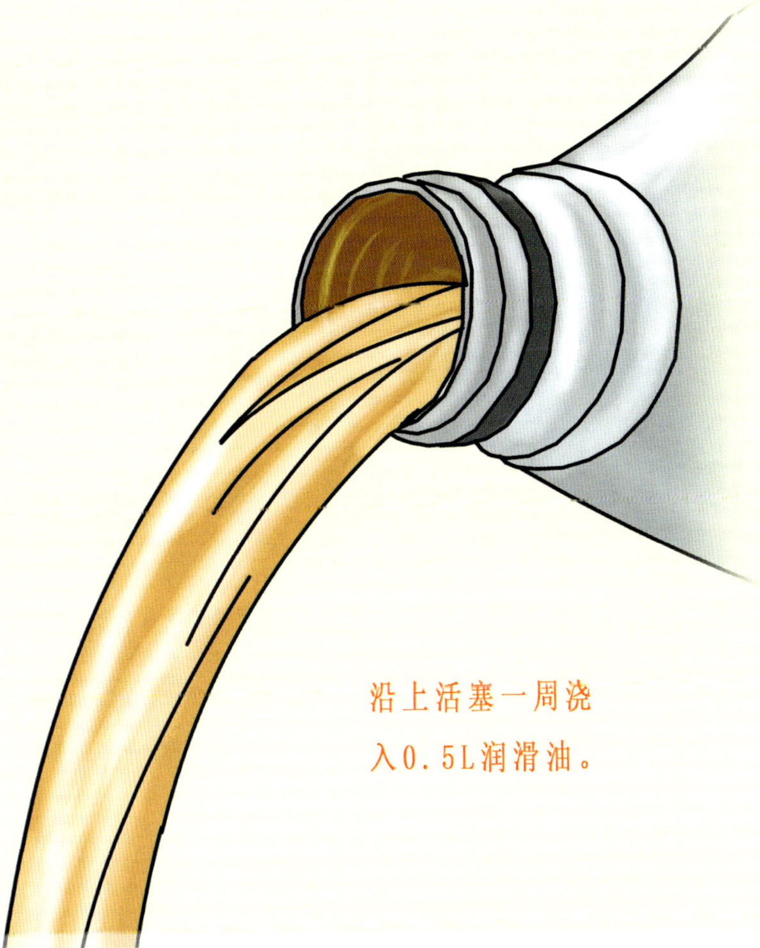

柴油锤打桩机安全操作规程：（1）作业前，应打开放气螺塞，排出油路中的空气，并应检查和试验燃油泵，从清扫孔中观察喷油情况；发现不正常时，应予调整。对新启用的桩锤，应预先沿上活塞一周浇入0.5L润滑油，并应用油枪对下活塞加注一定量的润滑油。应检查缓冲胶垫，当砧座和橡胶垫的接触面小于原面积2/3时，或下汽缸法兰与砧座间隙小于7mm时，均应更换橡胶垫。

柴油锤打桩机安全操作规程：（2）应检查所有紧固螺栓，并应重点检查导向板的固定螺栓，不得在松动及缺件情况下作业。应检查并确认起落架各工作机构安全可靠，起动钩与上活塞接触在5～10mm之间。提起桩锤脱出砧座后，其下滑长度不宜超过200mm。超过时应调整桩帽绳扣。应检查导向板磨损间隙，当间隙超过7mm时，应予更换。对水冷式桩锤，应将水箱内的水加满。冷却水必须使用软水。冬季应加温水。

柴油锤打桩机安全操作规程：（3）桩锤启动前，应使桩锤、桩帽和桩在同一轴线上，不得偏心打桩。在桩贯入度较大的软土层起动桩锤时，应先关闭油门冷打，待每击贯入度小于100mm时，再开启油门启动桩锤。锤击中，上活塞最大起跳高度不得超过出厂说明书规定。目测规定高度宜符合出厂说明书上的目测表或计算公式，当超过规定高度时，应减少油门，控制落距。

柴油锤打桩机安全操作规程：（4）当上活塞下落而柴油锤未燃爆时，上活塞可发生短时间的起伏，此时起落架不得落下，应防撞击碰块。打桩过程中，应有专人负责拉好曲壁上的控制绳；在意外情况下，可使用控制绳紧急停锤。

柴油锤打桩机安全操作规程：（5）当上活塞与起动钩脱离后，应将起落架继续提起，宜使它与上汽缸达到或超过2m的距离。作业中，应重点观察上活塞的润滑油是否从油孔中泻出，当下汽缸为自动加油泵润滑时，应经常打开油管头，检查有无油喷出。

柴油锤打桩机安全操作规程：（6）当无自动加油泵时，应每隔15min向下活塞润滑点注入润滑油。当一根桩打进时间超过15min时，则应在打完后立即加注润滑油。作业中，当桩锤冲击能量达到最大能量时，其最后10锤的贯入值不得小于5mm。

柴油锤打桩机安全操作规程：（7）桩帽中的填料不得偏斜，作业中应保证锤击桩帽中心。作业中，当水套的水由于蒸发而低于下汽缸吸排气口时，应及时补充，严禁无水作业。停机时，应将桩锤放到最低位置，盖上汽缸盖和吸排气孔塞子，关闭燃料闸，将操作杆置于停机位置，起落架升至高于桩锤1m处，锁住安全限位装置。

柴油锤打桩机安全操作规程：（8）长期不使用的桩锤，应从桩机上卸下，放掉冷却水、燃油及润滑油，将燃烧室及上、下活塞打击面清洗干净，并应做好防腐措施，盖上保护套，入库保存。

1.1.5　静力压桩机

静力压桩机：（1）压桩机作业区内应无高压线路。作业区应有明显标志或围栏，非工作人员不得进入。压桩过程中，操作人员必须在距离桩中心5m以外监视。

静力压桩机：（2）机组人员作登高检查或维修时，必须系安全带；工具和其他物件应放在工具包内，高空人员不得向下随意抛物。

静力压桩机：（3）压桩机安装地点应按施工要求进行先期处理，应平整场地，地面应达到35kPa的平均地基承载力。

静力压桩机：（4）安装时，应控制好两个纵向行走机构的安装间距，使底盘平台能正确对位。

静力压桩机：（5）电源在导通时，应检查电源电压并使其保持在额定电压范围内。各液压管路连接时，不得将管路强行弯曲。安装过程中，应防止液压油过多流损。

静力压桩机：（6）安装配重前，应对各紧固件进行检查，在紧固件未拧紧前不得进行配重安装。

静力压桩机：（7）安装完毕后，应对整机进行试运转，对吊桩用的起重机应进行满载试吊。作业前应检查并确认各传动机构、齿轮箱、防护罩等良好，各部件连接牢固。作业前应检查并确认起重机起升、变幅机构正常，吊具、钢丝绳、制动器等良好。

静力压桩机：（8）应检查并确认电缆表面无损伤，保护接地电阻符合规定，电源电压正常，旋转方向正确。应检查并确认润滑油、液压油的油位符合规定，液压系统无泄漏，液压缸动作灵活。冬季应清除机上积雪，工作平台应有防滑措施。

静力压桩机：（9）压桩作业时，应有统一指挥，压桩人员和吊桩人员应密切联系，相互配合。

静力压桩机：（10）当压桩机的电动机尚未正常运行前，不得进行压桩。起重机吊桩进入夹持机构进行接桩或插桩作业中，应确认在压桩开始前吊钩已安全脱离桩体。

静力压桩机：（11）压桩时，应按桩机技术性能表作业，不得超载运行。操作时动作不应过猛，避免冲击。接桩时，上一节应提升350～400mm，此时，不得松开夹持板。

静力压桩机：（12）顶升压桩机时，四个顶升缸应二个一组交替动作，每次行程不得超过100mm。当单个顶升缸动作时，行程不得超过50mm。压桩时，非工作人员应离机10m以外。起重机的起重臂下，严禁站人。

静力压桩机：（13）压桩过程中，应保持桩的垂直度，如遇地下障碍物使桩产生倾斜时，不得采用压桩机行走的方法强行纠正，应先将桩拔起，待地下障碍物清除后，重新插桩。

静力压桩机：（14）当桩在压入过程中，夹持机构与桩侧出现打滑时，不得随意提高液压缸压力，强行操作，而应找出打滑原因，排除故障后，方可继续进行。

静力压桩机：（15）当桩的贯入阻力太大，不能压至标高时，不得任意增加配重。应保护液压元件和构件不受损坏。

静力压桩机：（16）当桩顶不能最后压到设计标高时，应将桩顶部分凿去，不得用桩机行走的方式，将桩强行推断。

静力压桩机：（17）当压桩引起周围土体隆起，影响桩机行走时，应将桩机前进方向隆起的土铲平，不得强行通过。压桩机行走时，长、短船与水平坡度不得超过5°。纵向行走时，不得单向操作一个手柄，应两个手柄一起动作。

静力压桩机：（18）压桩机在顶升过程中，船形轨道不应压在已入土的单一桩顶上。压桩机上装设的起重机及卷扬机的使用，应执行有关规定。严禁吊桩、吊锤、回转或行走等动作同时进行。打桩机在吊有桩和锤的情况下，操作人员不得离开岗位。

静力压桩机：（19）遇有雷雨、大雾和六级及以上大风等恶劣气候时，应停止一切作业。当风力超过七级或有风暴警报时，应将打桩机顺风向停置，并应增加缆风绳，或将桩立柱放倒地面上。立柱长度在27m及以上时，应提前放倒。

静力压桩机：（20）作业完毕，应将短船运行至中间位置，停放在平整地面上，其余液压缸应全部回程缩进，起重机吊钩应升至最上部，并应使各部制动生效，最后应将外露活塞杆擦干净。

静力压桩机：（21）作业后，应将控制器放在“零位”，并依次切断各部电源，锁闭门窗，冬季应放尽各部积水。

静力压桩机：（22）转移工地时，应按规定程序拆卸。所有油管接头处应加闷头螺栓，防止尘土进入。液压软管不得强行弯曲。

1.1.6　振动打桩机

振动打桩机一般规定：（1）振动打桩机操作人员，必须熟悉本机械的构造、性能、操作要领及安全注意事项，经考试合格并取得合格证后，方可单独操作。

振动打桩机一般规定：（2）操作人员在操作时，必须精力集中。不得与无关人员说、笑、打、闹，操作中不准吸烟及吃食物。严格遵守振动打桩机的有关保养规定，认真地做好各级保养，确保振动打桩机经常处于良好状态。并要注意合理使用，正确操作。

振动打桩机在工作前，应作好以下各项准备工作：（1）向施工人员讲解施工条件、任务及施工中发现的问题与本班应注意的事项。根据施工人员所要求的振动力，调整振动打桩机变速齿轮的位置。

振动打桩机在工作前，应作好以下各项准备工作：（2）检查电缆、导线的绝缘是否良好。检查控制器触点是否良好，界限是否正确。

振动打桩机在工作前，应作好以下各项准备工作：（3）检查电源的电压是否符合要求。

振动打桩机在工作前，应作好以下各项准备工作：（4）按日常保养项目对各部进行润滑、保养。

振动打桩机在工作中的安全注意事项：（1）振动打桩机工作时，要有专人指挥。指挥人员与操作人员在工作前要相互核对信号。工作中应密切配合。

振动打桩机在工作中的安全注意事项：（2）振动开始时，应用电铃或其他方式发出信号，通知周围人员离开。

振动打桩机在工作中的安全注意事项：（3）振动打桩机与桩帽，桩帽与管柱（或桩）平面要垫平，联结螺栓应拧紧，并应经常检查是否有松动。振动打桩机的启动应由低速挡逐挡加快到高速。振动打桩机在工作中应密切注视控制盘上电流、电压的指示情况。若发现异响或其他异常情况，应立即停机检查。经常检查轴承温度及轴承盖螺钉是否有松动现象，要严格检查偏心铁块联结螺钉有无松动，防止发生事故。

振动打桩机在工作中的安全注意事项：（4）振动下沉时，管柱（或桩）周围严禁站人。

振动打桩机在工作中的安全注意事项：（5）振动打桩机配合射水、吸泥下沉时，应与有关人员预先联系，并在工作中互相关照。接长管柱或桩及安装桩帽时，工作人员必须佩戴安全带。

振动打桩机在工作中的安全注意事项：（6）振动下沉过程中，严禁进行机械的保养、维护工作。

振动打桩机停止工作后，应立即切断电源，并对打桩机和电动机进行检查、保养。

振动打桩机长期停用时，电动机要做好防潮保护。

振动打桩机长期停用，应入库保管，电动机要做好防潮保护，控制盘上的仪表，应拆下装箱保管。

振动桩锤操作注意事项：（1）作业场地至电源变压器或供电主干线的距离应在200m以内。

振动桩锤操作注意事项：（2）电源容量与导线截面应符合使用说明书的规定，启动时，电压降应按规定执行。

长期停放重新使用前，应测定电动机的绝缘值，且不得小于0.5MΩ。

振动桩锤操作注意事项：（3）液压箱、电气箱应置于安全平坦的地方。电气箱和电动机必须安装保护接地设施。长期停放重新使用前，应测定电动机的绝缘值，且不得小于0.5MΩ，并应对电缆芯线进行导通试验。电缆外包橡胶层应完好无损。

振动桩锤操作注意事项：（4）夹持器与振动器连接处的紧固螺栓不得松动。液压缸根部的接头防护罩应齐全。应检查夹持片的齿形。当齿形磨损超过4mm时，应更换或用堆焊修复。使用前，应在夹持片中间放一块10～15mm厚的钢板进行试夹。试夹中液压缸应无渗漏，系统压力应正常，不得在夹持片之间无钢板时试夹。

桩的头部有钻孔时，应将钻孔焊平或将钻孔以上割掉，亦可在钻孔处焊加强板。

振动桩锤操作注意事项：（5）振动桩锤启动运转后，应待振幅达到规定值时，方可作业。当振幅正常后仍不能拔桩时，应改用功率较大的振动桩锤。拔钢板桩时，应按沉入顺序的相反方向起拔，夹持器在夹持板桩时，应靠近相邻一根，对工序桩应夹紧腹板的中央。如钢板桩和工字桩的头部有钻孔时，应将钻孔焊平或将钻孔以上割掉，亦可在钻孔处焊加强板，应严防拔断钢板桩。

振动桩锤操作注意事项：（6）夹桩时，不得在夹持器和桩的头部之间留有空隙，并应待压力表显示压力达到额定值后，方可指挥起重机起拔。

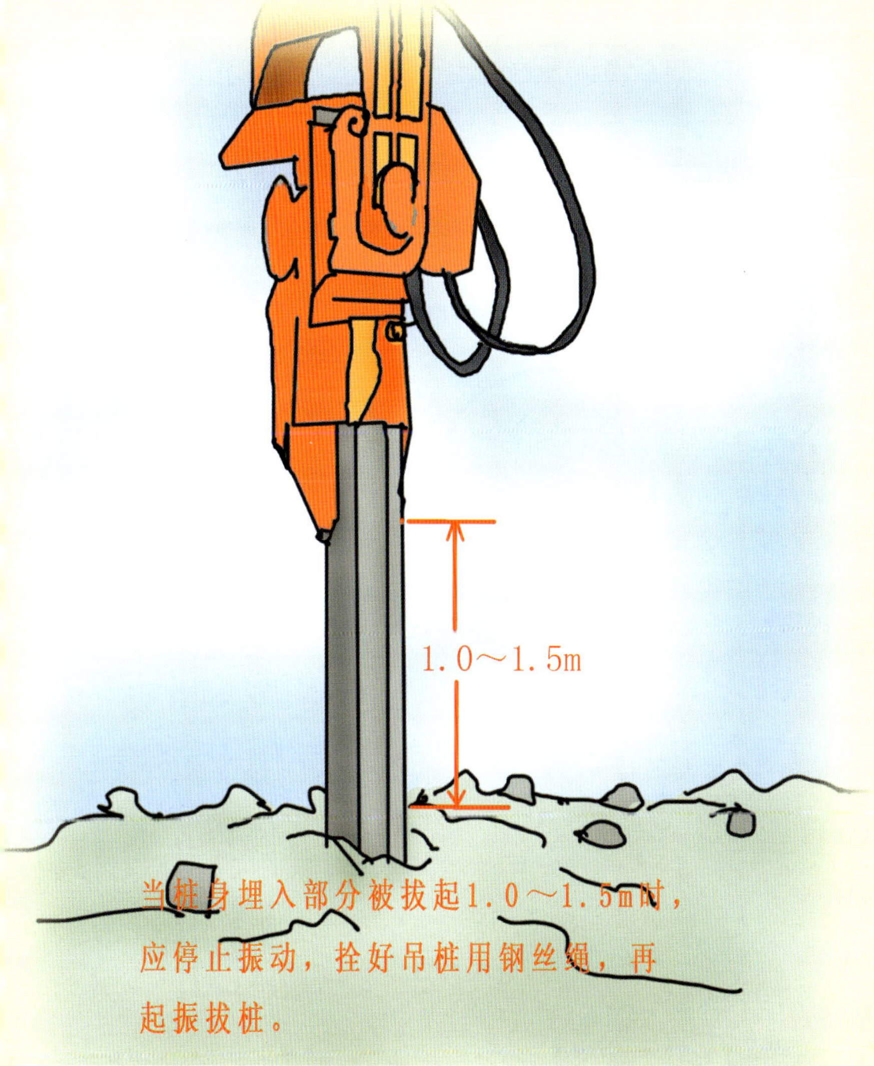

振动桩锤操作注意事项：（7）拔桩时，当桩身埋入部分被拔起1.0～1.5m时，应停止振动，拴好吊桩用钢丝绳，再起振拔桩。当桩尖在地下只有1.0～2.0m时，应停止振动，由起重机直接拔桩。待桩完全拔出后，在吊桩钢丝绳未吊紧前，不得松开夹持器。

振动桩锤操作注意事项：（8）沉柱前，应以桩的前端定位，调整导轨与桩的垂直度，不应使倾斜度超过2°。沉桩时，吊桩的钢丝绳应紧跟桩下沉速度而放松。在桩入土3m之前，可利用桩机回转或导杆前后移动，校正桩的垂直度；在桩入土超过3m时，不得再进行校正。

振动桩锤操作注意事项：（9）沉桩过程中，当电流表指数急剧上升时，应降低沉桩速度，使电动机不超载；但当桩沉入太慢时，可在振动桩锤上加一定量的配重。作业中，当遇液压软管破损、液压操纵箱失灵或停电（包括熔断烧断）时，应立即停机，将换向开关放在“中间”位置，并应采取安全措施，不得让桩从夹持器中脱落。

振动桩锤操作注意事项：（10）作业中，应保持振动桩锤减振装置各摩擦部位具有良好的润滑。作业后，应将振动桩锤沿导杆放至低处，并采用木块垫实，带桩管的振动桩锤可将桩管插入地下一半。作业后，除应切断操纵箱上的总开关外，尚应切断配电盘上的开关，并应采用防雨布将操纵箱遮盖好。

振动沉拔桩机操作人员须经专业训练，并持有操作证，方可操作。

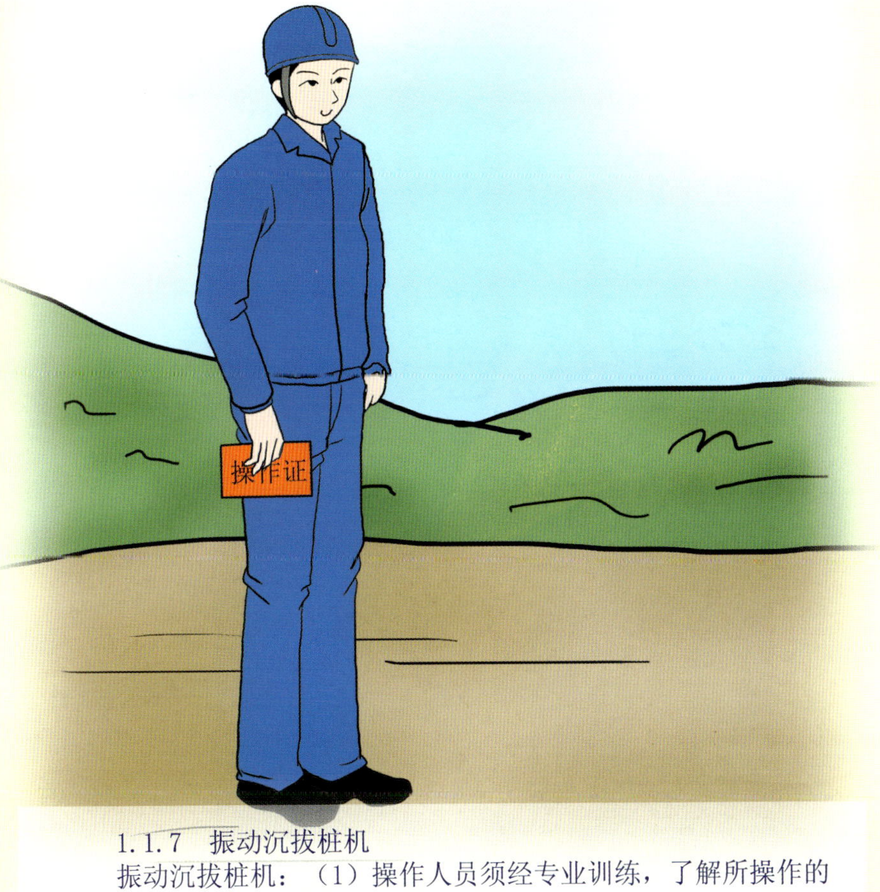

1.1.7 振动沉拔桩机

振动沉拔桩机：（1）操作人员须经专业训练，了解所操作的桩机的构造、原理、操作和维护保养方法。并持有操作证，方可操作。对桩机所配置的动力装置、卷扬机、液压装置、电气装置等应按其操作规程操作。桩机的电气故障必须由电工处理。桩机的试车、安装、拆卸、托运等应严格执行使用说明书的规定。

振动沉拔桩机：（2）每班作业前首先空运转，待确定各部件状态正常后方可作业。如使用夹桩器，应先夹紧桩后再作业，作业时不得松开夹桩器。停止作业时，必须先停止振动锤的振动，后松开夹桩器。桩机回转制动应缓慢，同向连续运转应小于一周。吊振动锤、吊料、吊桩、行走和回转等动作，严禁两个以上动作同时进行。升降梯严禁超载。操作人员不能擅自离开岗位。

振动沉拔桩机出现下列情况应立即停机检修：立柱、斜撑上有零件脱落；振动锤电动机紧固螺栓松动，导向装置松动，激振器内有冲击声，轴承温度过高，振动锤与桩或其他装置连接螺栓松动；电气装置、液压装置出现故障。

振动沉拔桩机：如振动锤减振横梁振幅长时间过大，应停机查明原因。沉桩时应及时校正桩的垂直度。桩入土3m后，严禁采用桩机行走或回转等动作来校正桩的垂直度。不能左、右倾斜调整桩架的立柱，调整立柱前、后倾斜时应同时驱动左、右斜撑。每天作业停止时，应将桩管沉入土中，或将振动锤放到地面，切断桩机的电源，使全部制动生效，长期停机时，应将桩机停放在坚实平整的地面上，振动锤必须下落垫起，并采取防雨措施。

1.1.8 打桩船

打桩船：（1）参加水上作业人员必须遵守行业规定，安全帽佩戴正确；穿救生衣、防滑鞋；禁止酒后上岗。

打桩船：（2）工作平台四周要设护栏或安全网，平台搭设要牢固并钉防滑条，严禁“探头板”、“活板”及“断裂板”，配备救生衣和灭火器。

打桩船：（3）工作平台四周必须设置警示标志和防护设施，夜间应有足够的灯光及信号灯。

打桩船：（4）水上作业禁止不相干人员参加及玩耍，谢绝外单位人员参观。钻机必须平稳、牢固；固定就位后必要时应拉风缆。高度重视安全生产、文明施工，做到泥浆不泄露到河道，不向河道排浆、抛建筑垃圾，保持施工现场整洁、有序。必须选择排水量比桩机重量大四倍以上的作业船或牢固排架，锚位固定可靠，打桩船或排架的偏斜度超过3°时，应停止作业。

1.2 钻孔机械

1.2.1 螺旋钻机

螺旋钻机：（1）使用钻机的现场，应按钻机说明书的要求清除孔位及周围的石块等障碍物。

螺旋钻机：（2）作业场地距电源变压器或供电主干线距离应在200m以内，启动时电压降不得超过额定电压的10%。

螺旋钻机：（3）电动机和控制箱应有良好的接地装置。

螺旋钻机：（4）安装前，应检查并确认钻杆及各部件无变形；安装后，钻杆与动力头的中心线允许偏斜为全长的1%。

螺旋钻机：（5）安装钻杆时，应从动力头开始，逐节往下安装。不得将所需钻杆长度在地面上全部接好后一次起吊安装。动力头安装前，应先拆下滑轮组，将钢丝绳穿绕好。钢丝绳的选用，应按说明书规定的要求配备。

螺旋钻机：（6）安装后，电源的频率与控制箱内频率转换开关上的指针应相同，不同时，应采用频率转换开关予以转换。钻机应放置平稳、坚实，汽车式钻孔机应架好支腿，将轮胎支起，并应用自动微调或线锤调整挺杆，使之保持垂直。启动前应检查并确认钻机各部件连接牢固，传动带的松紧度适当，减速箱内油位符合规定，钻深限位报警装置有效。

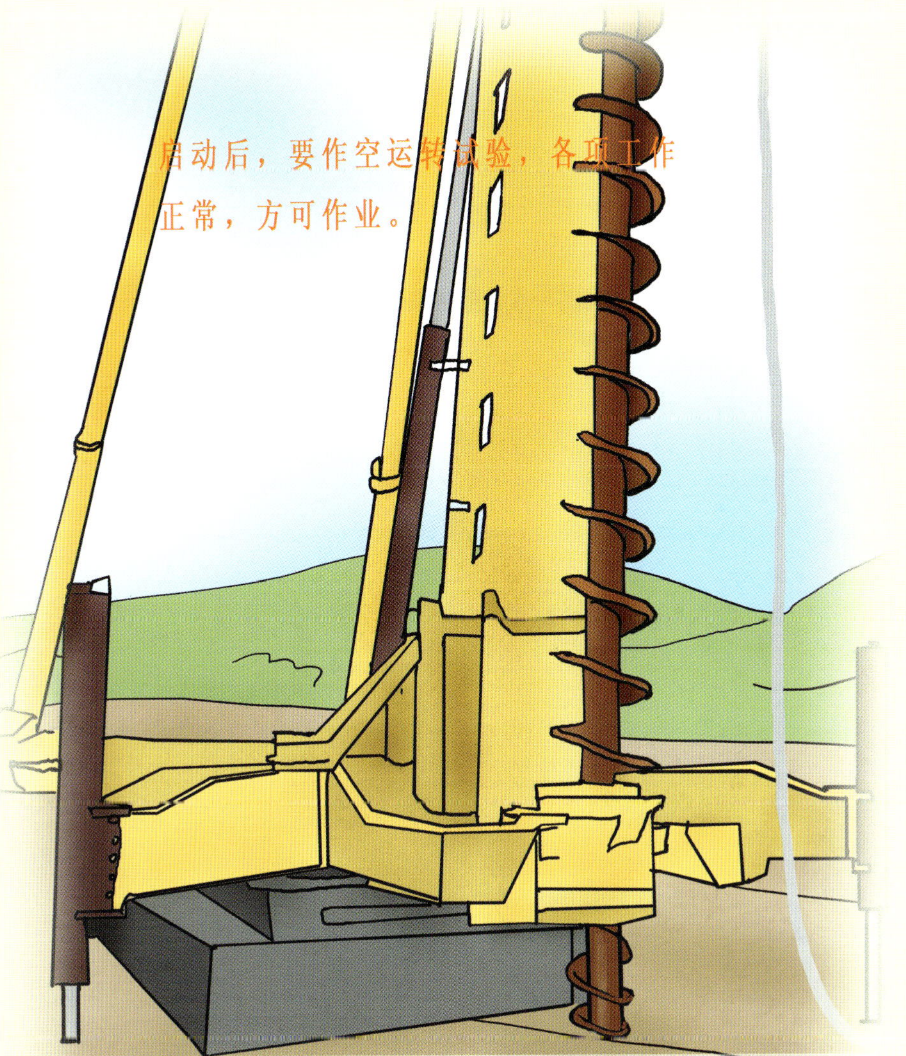

螺旋钻机：（7）启动前，应将操纵杆放在空挡位置。启动后，应作空运转试验，检查仪表、温度、音响、制动等各项工作正常，方可作业。

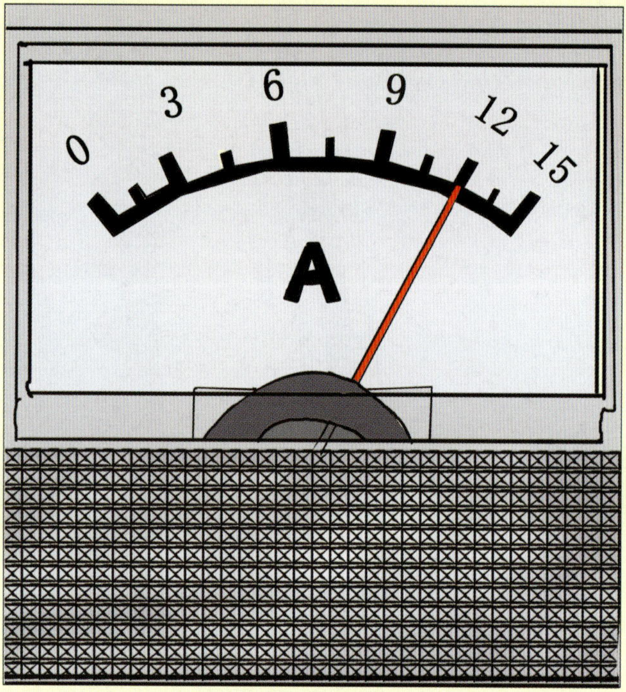

在钻孔过程中，当电流表超过额定电流时，应放慢下钻速度。

螺旋钻机：（8）施钻时，应先将钻杆缓慢放下，使钻头对准孔位，当电流表指针偏向无负荷状态时即可下钻。在钻孔过程中，当电流表超过额定电流时，应放慢下钻速度。

螺旋钻机：（9）钻机发出下钻限位报警信号时，应停钻，并将钻杆稍稍提升，待解除报警信号后，方可继续下钻。

螺旋钻机：（10）钻孔中卡钻时，应立即切断电源，停止下钻。未查明原因前，不得强行起动。作业中，当需改变钻杆回转方向时，应待钻杆完全停转后再进行。

螺旋钻机：（11）钻孔时，当机架出现摇晃、移动、偏斜或钻头内发出有节奏的响声时，应立即停钻，经处理后，方可继续施钻。

螺旋钻机：（12）扩孔达到要求孔径时，应停止扩削，并拢扩孔刀管，稍松数圈，使管内存土全部输送到地面，即可停钻。作业中停电时，应将各控制器放置零位，切断电源，并及时将钻杆全部从孔内拔出，使钻头接触地面。

螺旋钻机：（13）钻机运转时，应防止电缆线被缠入钻杆中，必须有专人看护。

螺旋钻机：（14）钻孔时，严禁用手清除螺旋片中的泥土。发现紧固螺栓松动时，应立即停机，在紧固后方可继续作业。

螺旋钻机：（15）成孔后，应将孔口加盖保护。

螺旋钻机：（16）作业后，应将钻杆及钻头全部提升到孔外，先清除钻杆和螺旋叶片上的泥土，再将钻头按下接触地面，各部制动住，操纵杆放到空挡位置，切断电源。当钻头磨损量达20mm时，应予更换。

1.2.2 潜水式反循环钻机

潜水式反循环钻机作业前的准备：（1）检查潜水电机密封是否良好，电缆线、配电盘、卷筒等装置和各接头是否牢固、可靠，各部绝缘及接地装置是否良好。检查振动筛及配属装置是否良好。各钻具、卡具、导管等附件应光整、齐全、牢靠，能满足施工需要。夜间作业时，要有良好的照明设施。

潜水式反循环钻机作业中的要求：（2）作业时必须指定专人负责指挥，严禁多头指挥。必须严格按照下列顺序进行操作：开动振动筛及其附件→吸泥泵（反循环）→电缆卷筒→开动潜水钻机上的电机，下钻→钻进。停机则按相反的顺序进行，不得有误。

潜水式反循环钻机作业中的要求：（3）吸泥泵运行时，无论“自动”“手动”操作，都必须“先主泵，后真空泵”，停机则反之，次序不允许颠倒。钻进时，要严格控制钻进速度，要准确掌握吸泥泵的流量、流速，一般水头高度高出地下水位2m为准，过高、偏低都会造成坍孔等事故。钻进时，为确保吸程，吸泥泵进水管的最高点不得大于孔内水面6m。时刻注意吸泥泵的运转情况，如有异响、异常情况，应立即停机进行处理，并应采取相应的预防措施。

严密注视配电盘上电流表的指示情况，发现异常及时查明原因，进行处理。

潜水式反循环钻机作业中的要求：（4）随着钻井深度的增加，应按规定及时调整电缆卷筒的油压，提钻时，应保证电缆随钻机同步上升回绕，防止拉断电缆。严密注视配电盘上电流表的指示情况，发现异常应及时查明原因，进行处理，以免烧坏潜水电机及其他电器。

潜水式反循环钻机作业中的要求：（5）钻进时，荷载表的压力应保持在规定的数值范围内，以保证匀速钻进。钻进时，应随时测量钻孔的垂直度，如发现问题应及时纠偏；同时钻头应定期进行修补。要随时检查钢丝绳的完好情况，损坏、断丝超过规定时，应即进行处理、更换。

潜水式反循环钻机作业后的要求：（6）作业后，及时给各电缆接线盒安装防尘、防水盖（罩）；对关键附件、电器设施进行清理，并要保持清洁、整齐、防晒、防水（潮）；对钻机进行清渣排污，并整理好附件设施。冬季施工停机时间过长时，应采取防冻措施；水上作业应采取防洪、防风、防潮等措施。如长期停用时，应按规定拆卸、整理，对全套设备进行保修、涂油，列出清单封存。

1.2.3 全套管钻机

安装全套管钻机前，应掌握勘探资料，并确认地质条件符合该机的要求，地下无埋设物，作业范围内无障碍物，施工现场与架空输电线路的安全距离符合要求。钻机安装场地应平整、夯实，能承载该机的工作压力；当地基不良时，钻机下应加铺钢板防护。

全套管钻机作业前要求：钻机各部外观良好，各连接螺栓无松动；燃油、润滑油、液压油、冷却水等符合规定，无渗漏现象；各部钢丝绳无损坏和锈蚀，连接正确；各卷扬机的离合器、制动器无异常现象，液压装置工作有效；套管和浇注管内侧无明显的变形和损伤，未被混凝土粘结。

全套管钻机：引入机组的照明电源，应安装低压变压器，电压不应超过36V。应通过检查确认无误后，方可启动内燃机，并怠速运转逐步加速至额定转速，按照指定的桩位对位，通过试调，使钻机纵横向达到水平、位正，再进行作业。机组人员应监视各仪表指示数据，倾听运转声响，发现异状或异响应立即停机处理。

全套管钻机：第一节套管入土后，应随时调整套管的垂直度。当套管入土5m以下时，不得强行纠偏。在作业过程中，当发现主机在地面及液压支撑处下沉时，应立即停机。在采用30mm厚钢板或路基箱扩大托承面、减小接地应力等措施后，方可继续作业。

全套管钻机：用锤式抓斗挖掘管内土层时，应在套管上加装保护套管接头的喇叭口。起吊套管时，应使用专用工具吊装，不得用卡环直接吊在螺纹孔内，亦不得使用其他损坏套管螺纹的起吊方法。挖掘过程中，应保持套管的摆动。当发现套管不能摆动时，应采用拔出液压缸将套管上提，再用起重机助拔，直至拔起部分套管能摆动为止。

1.2.4　回转式钻孔机

回转式钻孔机的安装：安装钻机前，应对当地地形、地质、水文、气象及洪水等进行全面检查，将地面异物清理干净，并检查现场地基有无地下管道及电缆，如有时应事先与有关单位联系搬迁。钻架距高压电线的距离应符合有关规程规定。钻机的安装和钻头的组装要严格按说明书规定进行。竖立或放倒钻架时，应在机长或熟练工人指挥下进行。人员分工要明确，各自要了解自己的职责，熟悉周围环境、指挥信号联络方式。在大雨、大雪及六级以上大风中不得立钻架。

回转式钻孔机开工前的检查：检查钻机各部安装紧固情况，发现松动应及时拧紧；转动部位和传动带应有防护罩；钢丝绳应完好；离合器、制动带应功能良好。检查各运转总成的油面高度，按说明书规定对各润滑部位加注润滑油脂。检查电气设备是否齐全，电路配置是否完好，发现问题及时处理。检查管路接头是否齐全和密封，并进行必要的紧固工作。检查各部位应无漏气、漏油、漏水现象。

1.2.5 转盘式钻孔机

安装转盘式钻孔机前，应掌握勘探资料，并确认地质条件符合该钻机的要求，地下无埋设物，作业范围内无障碍物，施工现场与架空输电线路的安全距离符合规定。钻架的吊重中心、钻机的卡孔和护进管中心应在同一垂直线上，钻杆中心允许偏差为20mm。钻头和钻杆连接螺纹应良好，滑扣时不得使用。钻头焊接应牢固，不得有裂纹。钻杆连接处应加便于拆卸的厚垫圈。

转盘式钻孔机作业前要求：各部件安装紧固，转动部位和传动带有防护罩，钢丝绳完好，离合器、制动带功能良好。润滑油符合规定，各管路接头密封良好，无漏油、漏气、漏水现象。电气设备齐全、电路配置完好。钻机作业范围内无障碍物。

转盘式钻孔机作业前，应将各部操纵手柄先置于空挡位置，用人力盘动无卡阻，再启动电动机空载运转，确认一切正常后，方可作业。开机时，应先送浆后开钻；停机时，应先停钻后停浆。泥浆泵应有专人看管，对泥浆质量和浆面高度应随时测量和调整，保证浓度合适。停钻时，出现漏浆应及时补充。并应随时清除沉淀池中杂物，保持泥浆纯净和循环不中断，防止塌孔和埋钻。

转盘式钻孔机：变速箱换挡时，应先停机，挂上挡后再开机。钻进中，应随时观察钻机的运转情况，当发生异响、吊索具破损、漏气、漏渣以及其他不正常情况时，应立即停机检查，排除故障后，方可继续开钻。提钻、下钻时，应轻提轻放。钻机下和井孔周围2m以内及高压胶管下，不得站人。严禁钻杆在旋转时提升。

转盘式钻孔机：发生提钻受阻时，应先设法使钻具活动后再慢慢提升，不得强行提升。如钻进受阻时，应采用缓冲击法解除，并查明原因，采取措施后，方可钻进。钻架、钻台平车、封口平车等的承载部位不得超载。使用空气反循环时，其喷浆口应遮拦，并应固定管端。钻进进尺达到要求时，应根据钻杆长度换算孔底标高，确认无误后，再把钻头略为提起，降低转速，空转5～20min后再停钻。停钻时，应先停钻后停风。

1.2.6 旋挖钻机

旋挖钻机一般规定：（1）操作人员必须经过学习、了解和掌握钻机构造、性能、熟悉操作方法、保养规程，各种指挥信号，以及钻探基础知识，经考核合格方可上机操作。非操作人员一律不许上机操作。在操作前或操作期间，操作手禁止饮酒、服药或吃任何可能消弱操作能力的食物。

旋挖钻机一般规定：（2）在钻机房、任何人都不准抽烟。

旋挖钻机一般规定：（3）钻机开始钻进前，操作人员务必观察了解工作区域地层断面图、高架电线、建筑物等。特别注意煤气管道、地下电缆、高压电线。

旋挖钻机一般规定：（4）工作中，所有钻机工作人员必须戴安全帽、穿工作服和工作鞋。

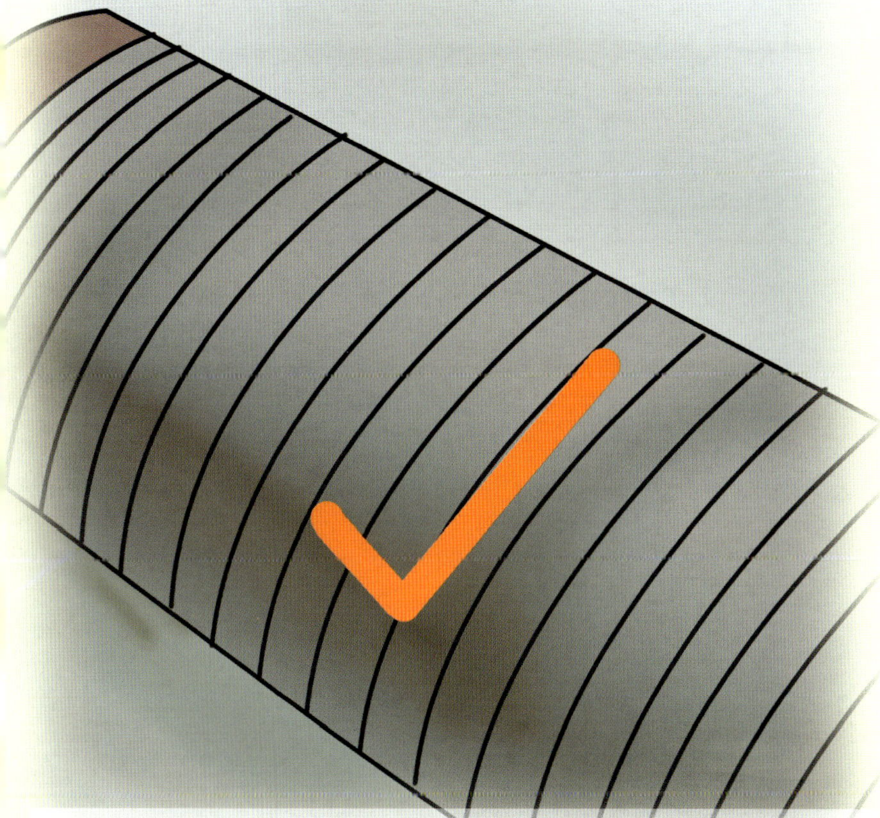

旋挖钻机钻进规定：（1）启动时，应先让发动机怠速运转2min（冬季5min），检查仪器各仪表、指示灯是否正常，如无异常，方可正常钻进。操作中，禁止盲目加压，提升压力应控制在300Pa左右，旋转压力控制在100Pa左右。经常注意钢丝绳在主卷扬筒上是否排列有序，若有错乱，应重新绕排。

旋挖钻机钻进规定：（2）经常注意活接头的工作情况，如发现钢丝绳有扭转现象，应检查活接头，必要时，应更换。经常注意钻杆工作情况，如有收不回或放不出的现象时或有其他异常情况时，应立即报告当班领导，切忌盲目处理。工作中，任何红灯（指示灯不正常亮时）均应停机检查，查明原因，修好后方可继续工作。

旋挖钻机非钻进时规定：（1）所有非钻进作业的钻机运行必须在有人统一指挥的前提下进行。没有指挥人，禁止任何运行。指挥者必须使用规范的指挥手势，瞻前顾后、谨慎引导钻机运行。

旋挖钻机非钻进时规定：（2）非钻进作业钻机尽可能在低转速（发动机）下运行。严禁在非钻进时加大油门，严禁在驾驶室内享受空调。

旋挖钻机非钻进时规定：（3）装卸钻杆、组装桅杆应在白天或照明条件好的夜间完成。

1.2.7　潜孔钻机

潜孔钻机：（1）使用前，应检查风动马达转动的灵活性，清除钻机作业范围内及行走路面上的障碍物，并应检查路面的通过能力；作业前，应检查钻具、推进机构、电气系统、压气系统、风管及防尘装置等，确认完好，方可使用；作业时，应先开动吸尘机，随时观察冲击器的声响及机械运转情况，如发现异常，应立即停机检查，并排除故障。

潜孔钻机：（2）开钻时，应给充足的水量，减少粉尘飞扬。作业中，应随时观察排粉情况，尤其是钻向下孔时，应加强吹洗，必要时应提钻强吹；钻进中，不得反转电动机或回转减速器，应避免钻杆脱扣；加接钻杆前，应将钻杆中心孔吹洗干净，避免污物进入冲击器。对不符合规格或磨损严重的钻杆不得使用，已断在孔内的钻杆，应采用专用工具取出。

潜孔钻机：（3）钻机短时间停机工作时，应供应少量压缩空气，防止岩粉侵入冲击器；若较长时间停钻，应将冲击器提离孔底1～2 m并加以固定；钻头磨钝应立即更换，换上的钻头直径不得大于原钻头的直径；钻孔时，如发现钻杆不前进而不停跳动，应将冲击器拔出孔外检查；当发现钻头掉下硬质合金片时，对小块碎片应采用压缩空气强行吹出，对大块碎片可采用小于孔径的杆件，利用黄泥或沥青将合金片从孔中粘出。

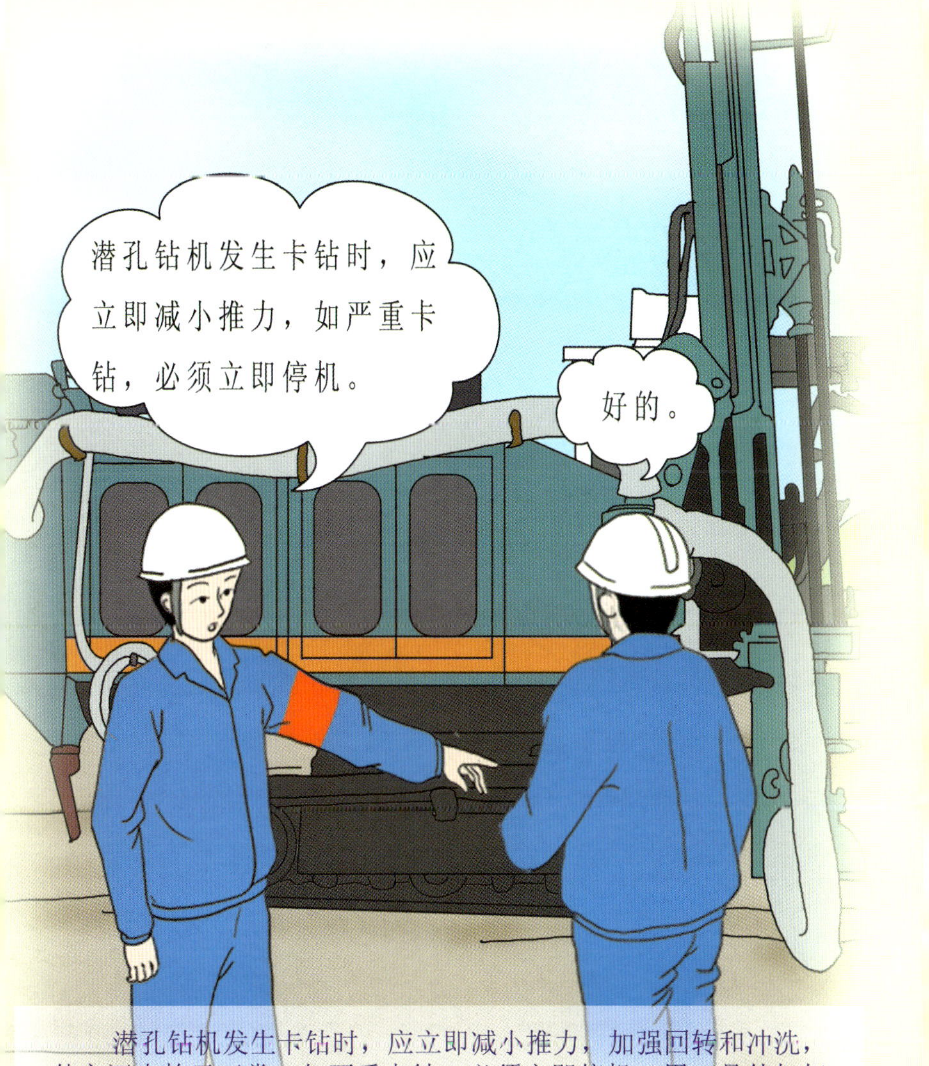

潜孔钻机发生卡钻时，应立即减小推力，加强回转和冲洗，使之逐步趋于正常。如严重卡钻，必须立即停机，用工具外加扭力和拉力，使钻具回转松动，然后边送风边提钻，直至恢复正常。在正常作业中，当风路气压低于0.35MPa时，应停机检查。应经常调整推进机构钢丝绳的松紧程度，以及提升滑轮组上、下行程开关工作的可靠程度；不能正确动作时，应及时修复。钻机移位时，应调整好滑架和钻臂，保持机体平衡。

1.2.8 冲击式钻机

冲击式钻机开机前的准备工作：安装钻机的场地应平整、坚实。若在松软地层处安装钻机，应对地基进行处理，然后铺垫枕木，保证钻机在工作时的稳固性，以免钻机在钻进工作中发生局部下沉，影响钻孔精度。

冲击式钻机开机前：检查制动闸，调整摩擦带间隙（一般保持在1.5～2cm），是闸带在松开情况下不与制动轮轮缘接触。按钻机保养、使用规程检查各润滑部位的加油情况。钻机上应有的安全防护装置应齐备、适用、可靠。检查冲击臂缓冲弹簧，其两边压紧程度应保持一致，否则应进行调整。按电器操作规程检查电气部分。三相按钮开关应安装在操作手把附近以方便操作。

冲击式钻机冲击钻进工作：（1）开机前应拉开所有离合器，严禁带负荷启动；开孔应采用间断冲击，直至钻具全部进入孔内且冲击平稳后，方可连续冲击；钻进中应经常注意和检查机器运行情况，如发现轴瓦、钢丝绳、皮带等有损坏或机件操作不灵等情况，应及时停机检查修理，严禁带“病”作业；下钻速度不能过快，应用闸把控制下落速度，以免翻转、卡钻。

冲击式钻机冲击钻进工作：（2）钻角磨损2cm，应补焊至原直径；钻具提梁直径磨损超过1/3者应补焊至原直径；主绳绳卡不得少于三个，副绳绳卡不得少于两个，绳卡螺丝应紧固。钻机突然发生故障时，应立即拉开离合器，如离合器操作失灵，应立即停机。

冲击式钻机冲击钻进工作：（3）如保护铁磨损至钢丝绳与提梁直接接触，应更换保护铁；抽筒活门应灵活，活环螺丝应紧固；当钢丝绳断丝超过10%或一股的1/2以上者，应将破坏部分割去，否则禁止继续使用。破坏部分较多时，应更换新绳。操作离合器手把时，用力应平稳，不得猛拉猛推，以免造成钻机振动过大或拉断钢丝绳。

冲击式钻机冲击钻进工作：（4）遇到暴风、暴雨和雷电时，禁止开车，并应切断电源；基岩钻进时，开孔钻头和更换钻头均应采用同一规格，钻进一定深度后应起钻、下抽筒清理孔底钻渣，以免卡钻。

冲击式钻机冲击钻进工作：（5）钻进中，突然发现有塌孔迹象或成槽以后突然大量漏浆，应立即采取措施进行处理；钻机配用的钢丝绳应符合：大绳直径28～32mm，小绳直径15～16mm，少于此规定者禁止使用；改变电动机转向，应在电机停稳后方可进行；运行中，如遇钢丝绳缠绕，应立即停机拨开，钻机未停稳前严禁拨弄。

冲击式钻机冲击钻进工作：（6）钻机移动前，应将车架轮的道掩取掉，松开绷绳，摘掉挂钩，钻头、抽筒应提出孔口，经检查确认无障碍时，方可移车；并慎用副卷扬移车；电动机停止运转前，禁止检查钻机和加注黄油，严禁在桅杆上工作。

冲击式钻机冲击钻进工作：（7）当钻具提升到槽口时，应立即打开大链离合器，同时将卷筒闸住。禁止将钻具提升在桅杆中部进行抽砂作业；钻进中使用的各种钻具，用完后应及时放回适当位置，不能放在槽孔边缘，以免掉入槽孔内；上桅杆进行高空作业时，应佩戴安全带；动力闸刀，应设专人看管。严禁高处作业人员与地面人员闲谈、说笑。

冲击式钻机冲击钻进工作：（8）钻机后面的电线应架空，以免妨碍工作及造成触电事故；因突然停电或其他原因停机，而短时间内不能送电、开机时，应采取措施将钻具提离孔底5m以上，以免钻具埋死，若采用人工转动，应先拉掉电源；孔内发生卡钻、掉钻、埋钻等事故，应摸清情况，分析原因，方能采取有效措施进行处理。不得盲目行事。

1.2.9 冲抓钻机

冲抓钻机：焊接件的焊缝不应有焊瘤、弧坑、气孔、裂纹、表面焊缝凹陷以及飞溅过多等缺陷；冲抓机的紧固件不得有松动，凡规定有防松装置处不得有遗漏；卷扬机单绳工作拉力应大于冲击部分质量的两倍。冲抓机的卷扬机的离合器和制动器应动作快速、灵活。

冲抓钻机：安装自动挂卸器，应使挂卸器中心与天车滑轮钢丝绳及孔口中心在一条中心轴线上。挂钩应能灵活摆动，其摆动平面应与中心轴线平行，以保证自动挂卸器能正常工作。冲抓机正常工作状态下，距机器边缘7m处，其噪声值不应大于75dB（A）。冲抓机的桩架应有防风保护装置。

1.3　振冲器

振冲器：振冲器必须处于垂直状态离开地平线才能开机检验及工作，起吊振冲器节点必须加装起吊保护夹套，注意潜水电机的旋转方向，如方向相反，则联结螺丝容易松动脱落；振冲器工作时，严禁停水。

振冲器：振冲器在土层深处时，一定不能断电停振。

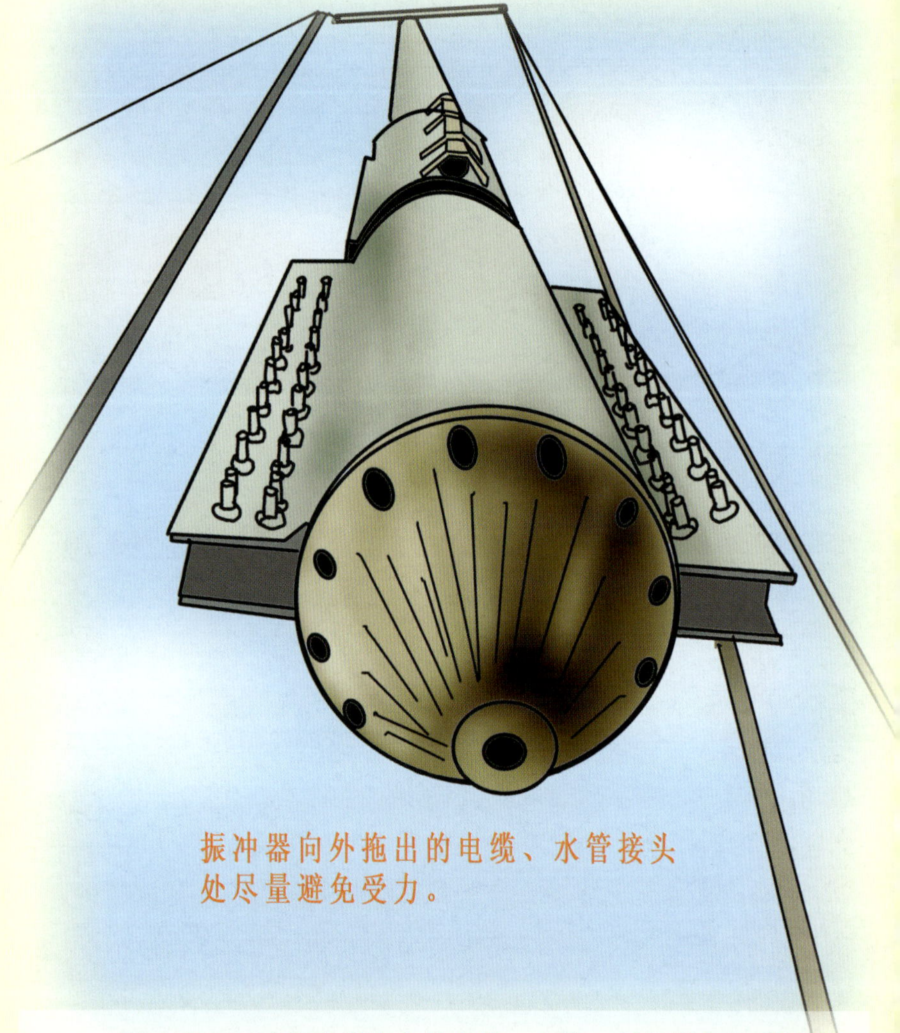

振冲器：振冲器向外拖出的电缆、水管，尽量避免将重量传至两者接头处以免损坏接头。

1.4　螺纹桩机

螺纹桩机：机台司钻（主操）人员必须经培训合格后，方可上机操作。所有工作人员应穿绝缘鞋、戴安全帽，严禁穿拖鞋、打赤膊上班。

螺纹桩机：每班必须配备正副司钻（主操）各1人，分别负责操作机和前台指挥工作。

螺纹桩机：所有工作人员当班严禁喝酒或酒后上班，所有当班人员不准擅自离开工作岗位。司钻（主操）人员必须每天对设备进行日常维护保养，对机械状况认真填写记录。作业前应检查电机及其他电器绝缘情况，发现问题及时处理。

螺纹桩机：施工现场如遇高压电线（缆）、油气管道等障碍物无法排除时，桩机施工应在规定危险距离以外处开展工作。起落立柱应有专人指挥与操作，支脚与下盘应同时接地，前支腿伸于前方，立柱斜撑下严禁站人。桩机移位时应有专人指挥，并须有专人移动电源线，以防碰压，支脚下松软时应用枕木铺垫，以保证接地比压。

螺纹桩机：桩机移动、回转时严禁用上、下盘顶土或排除障碍物。施工现场不平度应小于2°，地表面承载力不小于$7N/cm^2$。钻机对位时注意调整立柱垂直度，并应使支脚与下盘同时接地。塔上作业时，必须佩戴安全保险带，必须穿防滑软底鞋；患有高血压、惧高症、心脏病等高处不适症者，或工作人员患感冒等病时严禁上塔作业。

螺纹桩机：在暴风雨、大雪、雷雨天气应停止施工，6级以上大风时，应加缆绳予以保护。

1.5　深层搅拌桩机

深层搅拌桩机在安装起吊杆前，在立柱根部一定要垫上挡块，以使起吊杆和水平能形成一定夹角，有利于顺利起吊。当起架时，若发现底盘有反倾现象，应立即停止，并在底盘钢网上再加起重。设备安装完毕后，应注意各运转部分是否充注了润滑油或润滑脂。

深层搅拌桩机各个运转装置应先试运行，注意各运转部位不得有异常响声、高温和卡阻现象，发现问题应及时处理；当处理机具卡阻事故，经强力提升后，应检查施工架是否变形，螺栓有无松动等情况，发现问题应及时解决；当使用起重机具顶升架子时，应尽量选择靠近前后梁或者底盘上给定地方；应经常检查各部分的钢丝绳，发现磨损较大时应以予更换。

1.6 旋喷钻机与高压注浆泵

旋喷钻机与高压注浆泵：检查机台布置，钻架及机械安装是否稳固，运轴的方向、角度是否正确；钻机和高压注浆泵各传动部分的保护装置是否装好；水泵抽水与排水、排污，是否已妥善解决；检查钻机和高压泵柴油机的机油尺标，油箱应加满油，水箱应加满水；冬季施工气温很低时下班后，应放掉水箱中的存水，以防水箱结冰，造成水箱开裂。

旋喷钻机与高压注浆泵：钻机合箱螺丝要上紧，运转时不能晃动；钻机旋喷龙头的丝扣要上牢，严防掉下伤人；高压泵头连接处软管的防滑链要挂牢靠，以防接头滑丝伤人；运转的机器上，不得放置工具等物。

旋喷钻机与高压注浆泵：在试运转正常后，确认机器运转时，各部位碰不到人和其他物件后，才能启动机器开钻或注浆；工作时必须穿好工作服并扣好衣扣，不能敞胸露背。

旋喷钻机与高压注浆泵：徒工未经允许或无班长在场指导时，不得自行操作钻机。

旋喷钻机与高压注浆泵：上钻架时所带工具要拴好，用后要拿下，以防掉下伤人。

旋喷钻机与高压注浆泵：夜间无照明或照明亮度不足时不能工作；钻进时必须将孔内情况、钻进参数、机器运转情况按要求记录下来；机器不得超负荷运转，以免损坏机械或伤人。

旋喷钻机与高压注浆泵：柴动高压注浆泵在停工或放置期间，应当断开电瓶线以防止电瓶漏电，并定期启动高压注浆泵补充电瓶电量；高压注浆泵运转时，操作人员应精力集中，观察仪表各项参数，如水温、机油压力、转速、注浆压力等是否正常。

1.7 桩工事故案例

【案例】某施工现场因操作失误，教训惨痛。

1.7 桩工事故案例

【案例】北京某地铁工地重约60t桩机发生侧翻。

【案例】某工地由于未充分考虑打桩对邻近围墙的影响，导致打桩过程中围墙倒塌。

1.7 桩工事故案例

【案例】某工地一桩机因使用的时间过长，设备老化，缺乏检测和保养，导致作业中突然倒塌。

1　桩工机械

【案例】某工地一台桩机突然倒塌，造成事故。

【案例】江苏某工地正在作业中的一桩机的底部轨道突然断裂，导致其突然倒塌。

【案例】哈尔滨市某工地一座近30m高的桩机突然发生倒塌。

【案例】武昌某工地发生塌陷事故，一台桩机打桩时遇到了地下溶洞，被生生“吞”下一个深约7m、比篮球场还大的坑里。

1　桩工机械

【案例】某工地发生大型桩机侧翻事故，吊臂倒在紧邻的一条大街上。

【案例】某工地桩机司机操作失误，桩机倾覆砸坏邻楼。

1 桩工机械

【案例】某工地内，一高约30m的桩机一头栽倒，砸在工地旁的一处平房。

【案例】某工地上，一台桩机突然倾倒，将附近一仓库屋顶砸塌。

1　桩工机械

【案例】某工地桩机及固定架倒塌，将一条高速公路的3条车道完全堵住。

1.7　桩工事故案例

【案例】某工地的一桩机突然倒塌，砸中旁侧一电子厂后院的铁皮棚。

1　桩工机械

【案例】邻近某铁路交叉口的某工地上，一台桩机突然倒塌。

1.7　桩工事故案例

【案例】某工地的一台桩机突然倒塌，将酒店屋顶砸塌。

1　桩工机械

【案例】某工地一桩机打断自来水管，影响了数十万人用水。

1.7 桩工事故案例

【案例】某工地上，一台桩机下的方木突然断裂，导致桩机倾倒。

1 桩工机械

【案例】某工地桩机突然倒塌，两名作业工人未能及时闪躲，致使两人被压在底下。

【案例】某工地一旋挖钻机，将原油运输主管道损坏，致原油大量泄漏。

【案例】某工地正在施工的20余米高的钻孔机倒塌砸中一座三层房屋。

2　水工机械

2.1 泵

2.1.1 离心泵

离心泵:水泵放置地点必须坚实，安装必须牢固和平稳，并有防寒、防雨设施。多级水泵的高压软管接头应牢固可靠，放置应尽量平直，转弯处应固定牢实。数台并列安装时，其扬程应基本相同，每台之间应有0.8～1m的距离；数台水泵串联安装时，应有相同流量，且出水泵壳、螺栓必须经强度验算。冬季运转时，应做好管路和泵房的防冻、保温工作。

离心泵启动前应检查：（1）电动机与水泵的连接应同心、联轴节的螺栓应紧固，联轴节的转动部分必须有防护装置，泵的周围环境整洁；管路支架牢固，密封可靠，泵体、泵轴、填料及压盖应严密，吸水管底阀无堵塞、漏水；电源闸箱及启动开关必须安装牢固，线路不得破漏及贴靠，按电气操作规程办理。

离心泵启动前应检查：（2）排气阀必须畅通，进出水管的接头必须严密不漏，泵油与泵体之间须用盘根封好，不得漏水；按规定给各润滑部位加注润滑油，并加注引水；启动时应将出水阀关闭。当水泵达到额定转速后，旋开真空表和压力表的阀门，观察指针位置应正常后，再逐步打开水阀至需要位置。

离心泵运转中发现以下情况应立即停机检修：漏水、漏气、填料部位发热；底阀滤网堵塞，运转声音不正常；电动机温升过高，电流突然增大；机械零件松动或其他故障。

2.1.2 潜水泵

潜水泵启动前水管应结扎牢固；放气、放水、注油等螺塞均应旋紧；叶轮绝缘应良好。

潜水泵:工作电压在342～418V范围内；水泵应放在坚固的网篮内放入水中，以防乱草杂物轧住叶轮，其沉入水中最浅深度为0.5m，最深不超过3m；应直立水中，不得陷入泥中，以防因散热不良而烧坏。

潜水泵：水泵放入水中或从水中提出，须拉住扣在水泵耳环上的绳子，严禁提拉电缆。出水管以能套上水泵管接头为宜。

潜水泵：接好电源后，先试运转，检查旋转方向是否正确。水泵在水外运转的时间不得超过5秒，以防过热。

潜水泵:水泵应装设接零保护或漏电保护装置，工作时，周围30m以内不得有人畜进入。停转后不得立即再启动。每小时启动不得超过10次。停机后要间隔1s以上才能再开机。在运转中如发现声音不正常，应立即切断电源进行检查。

潜水泵:经过修理的油浸式潜水泵，应先进行196kPa气压试验，检查各部无泄漏现象，然后将润滑油加入上、下壳体内。水泵使用的地点气温低于0℃时，在停止运转时，应从水中提出水泵擦干后存放室内。

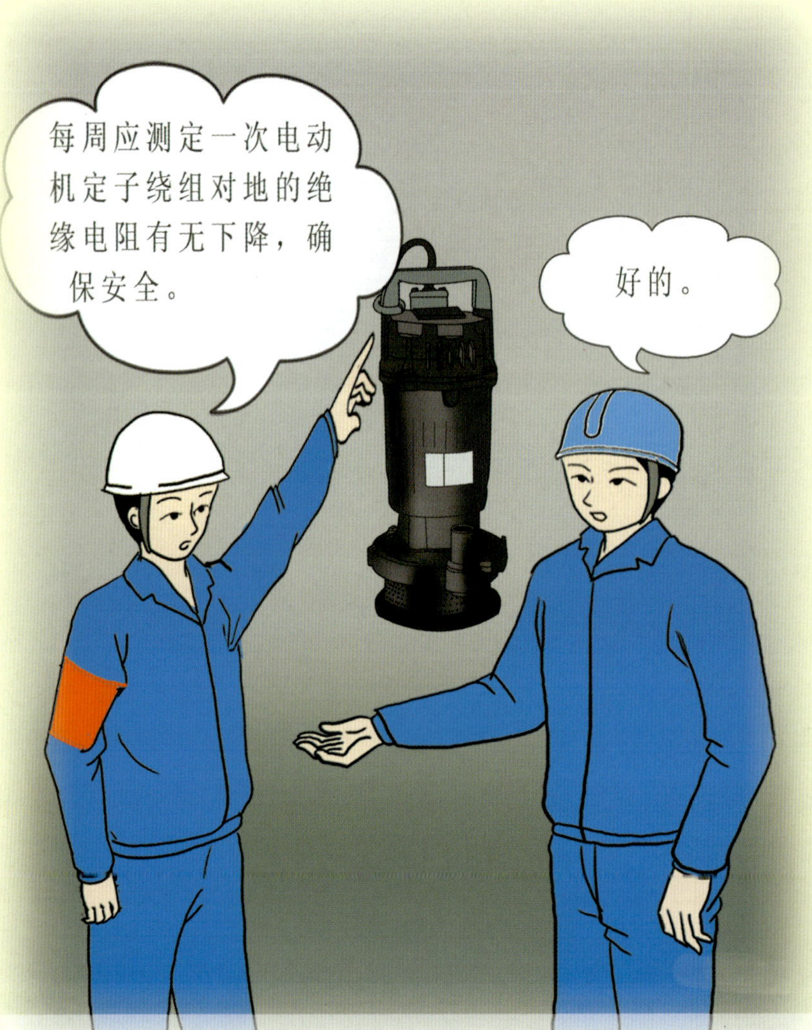

潜水泵：每周应测定一次电动机定子绕组对地的绝缘电阻有无下降。

2.1.3 深井泵

深井泵运转中，如发现基础周围有较大振动时，应检查水泵的橡胶轴承或电机填料处磨损情况，如磨损过多、漏水，应更换新件。停泵前，应先关闭出水阀，切断电源，锁好电闸箱。停泵后出水管中的水尚未全部流回深井时，不得开动水泵，以免水泵轴功率突增引起故障，应间隔10～15min再开机。水泵停转后还应及时检查防倒装置是否灵活有效。冬季水泵长期停用时，应放出其中的积水，以免冻坏泵体。

深井泵启动前应检查：底座基础螺栓应坚固；轴向间隙应符合要求，调节螺栓的保险螺母必须装好；填料压盖旋紧并经过润滑；电机轴承已润滑；用手旋转电机转子和止退机构应灵活有效。

2.1.4　泥浆泵

泥浆泵应安装在稳固的基础架或地基上，不得松动；启动前使活塞往复两次，无阻梗时方可空载启动。启动后，应待运转正常，再逐步增加载荷；运转中不得变速；当需要变速时，应停泵进行换挡；运转中，当出现异响或水量、压力不正常，或有明显高温时，应停泵检查；在正常情况下，应在空载时停泵。停泵时间较长时，应全部开放水孔，并松开缸盖，提起底阀放水杆，放尽泵体及管道中的全部泥砂。

泥浆泵启动前应符合下列要求：连接部位牢固；电动机旋转方向正确；离合器灵活可靠；管路连接牢固，密封可靠，底阀灵活有效。

2.1.5　砂浆泵

砂浆泵使用前或每使用一个月后，应请电工检测绝缘电阻合格，线路安装是否符合要求；使用漏电保护器至少应每周进行一次检机试验，若检机试验或使用中失灵应及时更换；砂浆泵开动应及时与上、下工序联系。吸浆筒盘根在紧固螺钉时不能过紧或过松；禁止在合闸通电情况下用手触摸砂浆泵或直接用砂浆泵电线拉、扯、吊动其本体，防止线头松动金属外壳带电。

操作砂浆泵必须穿戴防护用具。

砂浆泵有专人使用和管理，下班后须切断电源。

2.2 船舶

2.2.1 打桩船（见本书第1.1.8节）

2.2.2 拖轮

拖轮作业前必须清理首尾甲板，并穿好救生衣和戴手套，不准赤膊、赤脚、穿拖鞋或高跟鞋作业；打撇缆时，对方没有注意不得撇出；抛锚带缆时，不准将脚伸入缆绳圈内；钢丝、绳索等物件，不准超出甲板；当班驾驶员应谨慎驾驶，认真操作，驾驶瞭望，集中精力，及时正确地掌握航道、航标、航行信号、水文气象等情况。

拖轮靠离码头时应有防碰措施，作业人员脚跟必须分开立牢，不要将身体探出舷外；当班人员应坚守岗位，集中精力，服从当班驾驶员和大副的指挥；驾驶人员的口令要明确果断，手势要清楚；驾驶人员注意船舶四周水域漂浮物件，防止损坏螺旋浆；当班驾驶员应按规定悬挂旗号和正确显示使用灯号、信号，并记好航行日志。

拖轮拖工程船过大桥或过跨江电缆及进入危险复杂航区、进出港，抛锚、起锚等作业时，如遇恶劣天气和特殊情况，船长无论当班与否，均应亲自指挥操作，大副应协助工作。由当班驾驶员指定水手操舵，操舵人员应集中精力，服从指挥。回答口令要清晰无误，同时操舵准确及时，注意舵效，并加强瞭望，主动协助驾驶工作。船舶未停靠稳妥时，值班水手应严禁人员上、下本船，船只间距较大、高低悬殊时，严禁人员冒险跨越本船。

2.2.3　驳船

驳船必须备有救生设备，并保持清洁卫生。驳船人员必须经常检查驳船是否处于安全使用状态。对所有舱口加以封闭，防止漏水；如有水应及时排出。长时间封闭的舱室打开后，必须经通风检测后，工作人员方可下舱，防止缺氧窒息。拖运驳船时应根据驳船上载重多少来选用合适的拖缆。

驳船离靠码头、船舶时，必须备好碰垫、撇缆，打撇缆应先发出信号，防止伤人。驳船停泊时，必须带好缆绳，注意风力潮水变化，严防驳船钻入码头靠邦和其他船只下部出事故。驳船装物件时，两边应留出通道。装驳时，驳船首尾不可装部件，一定把缆桩留出来。上下驳船，不准抢上抢下，驳船不稳不许上下人，任何人不得坐在船边上。

2.2.4 趸船

洪水季节停靠趸船码头的船队一般不得超过三个。趸船上应有足够的、有效的消防器材，电气设备失火首先切断电源，再用二氧化碳灭火施救。汛前必须认真检查防汛缆索，磨损超过标准的必须更换或修复，钢丝绳不准有结节、扭绕现象，如在一个节距内断丝超过10%应予换新。锚链、缆索应时刻加强观察，严密留意是否出现异常的现象和响声，及时果断采取措施。

趸船定位向外伸出的缆索必须考虑过往船只的行驶安全，并按规定悬挂信号。经常检查船首、船尾的锚链、系缆的定位情况。留意防止溜船。仓内积水必须及时排除。系靠待修船只、拖轮时，应用靠把球隔开，以免发生碰撞。趸船上要有专用防撞缓冲设施。船上不准明火取热。非规定地点不许烧煮食品。系缆时，要严格检查接头是否牢固，系缆桩是否完好，岸地的锚桩必须能承受足够的拉力。

2.2.5　浮吊

浮体周围应采取防碰撞措施。使用期间应定期检查浮体密封情况，发现渗漏时应降低使用标准或暂停使用，及时焊补。作业前应检查卷扬机、锚机有无异常声响。定期更换齿轮减速箱内机油和缓冲垫。带缆锚机附近严禁堆放影响作业的物件。作业时调整好浮吊停泊位置，尽量近距离正面吊装，前方两台带缆锚机钢丝绳必须系牢；侧面吊装或在流速较大的水域作业时，应视情况加带钢缆。吊机在停止作业后，应当将吊钩用钢丝绳固定在底盘上，防止起风损坏设备。

2.2.6 发电船

检查发电机组的冷却水、燃油、滑油、启动电力是否符合要求，不足时应补足；将各系统相关的阀门打开；合上启动电源开关；检查发电机接地导线完好、牢固；利用主配电屏上的绝缘仪检查各部绝缘阻值合符要求；根据船舶的用电情况随时调整电站的负荷、电压、频率，保障正常供电；严禁突加突卸负载；严禁发电机超负荷工作；严禁发电机组在少于额定转速95%的情况下长期运行。

2.2.7 挖泥船

挖泥船：施工作业船只全船消防、救生设备、防碰撞及其他安全设施要保证完整、适用并指定专人负责管护，平时不得挪作它用。施工作业船只其工作、行走平台、上层平台的四周护杆应完整，行走跳板要搭设牢固，并应有防滑条。

挖泥船夜间施工，显示信号不明导致撞船。

挖泥船及附属船只在航道、码头、港湾内拖航、锚泊和施工时，应按规定设置和显示信号并派人值班。夜间施工必须配足灯光照明。

挖泥船甲板作业时，应检查水、陆排泥管的连接是否可靠合理、牢固，排泥场的使用是否合理可靠；检查全船各部的紧固情况，各机械和部件的灵活、可靠。施工前应检查并实施机械运转部位的全面润滑；检查操纵台上各操纵杆是否都处在“空挡”位置上，按钮是否在停止工作位置；检查液压绞车速度开关是否处于“最低速”位置上；检查施工水域、检查施工水深及船吃水、检查开挖断面均正常后，发出施工信号。

挖泥船轮机作业时，应检查并打开海底阀和海水过滤器前后阀门；检查舷外冷却器应无堵塞、无异物；检查冷却系统是否已加满水，各水管接头是否有漏水现象；检查蓄电池是否满电，启动系统各线路接头是否松动；检查报警系统、当报警系统起作用时，控制灯应亮；检查启动和合泵开关应处于中位。

2.2.8 起重船

起重船：起吊时司机与指挥人员须按规定手势和信号进行作业，在吊船的有效半径和有效高度内，不得有妨碍物，并经常检查锚泊固定缆绳的紧固情况，防止起吊时船舶走位。作业中要注意风浪而引起吊船的颠簸。在航道区附近作业时，要显示旗号，要求来往船只减速或改道。落钩后，卷筒上最少应保留三圈钢丝绳。在进行起重作业时，应定点定位起吊，不能经常起落吊臂。起重量已达额定重量时，禁止起落臂杆。

起重船:拼装吊机前，必须进行船体稳定和基础加固，不能使船体因局部受力而破坏；固定停泊后，应将系缆和电缆固定好，电缆须保持一定松弛度，以防水位变化而将电缆绷断；进行拨吊作业时，要切实掌握吨位，注意因突然起升而引起船舶急剧倾斜或颠簸；吊着桩锤进行打桩作业时，要防止桩体突然下沉而造成折臂事故；吊船移位时，不准将重物悬吊空中。

起重船:起吊物件在吊离地面50cm左右时停止上升，然后检查刹车及吊索具和物件是否平衡和稳定；如果发现不稳定或刹车不灵时，要立即落下调整；开始起吊时，要用慢速，保持吊钩与物件不摇摆，起吊物件速度要均匀，不得忽快忽慢，非特殊情况下不要突然停车；物件吊在空中短暂等待时，操作人员不准离开工作岗位；等待工作或休息时间，不准将物件吊在空中，应将物件放原处。

起重船：装卸时应予先根据他船所系带岸上缆桩及缆的负荷，指挥移船时必须吊稳，各缆索要受力均匀，不要忽快忽慢，以防驳船断缆和走锚。两艘或两艘以上起重船共同起吊一物件时，必须共同拟订联合操作的方案及安全操作方法，并经有关部门审核批准方可开工。压舱水应满足起吊物件的要求，船舶在起吊物件后要保持平衡。

起重船遇有以下情况，不准起吊：指挥信号不明或乱指挥，不起吊；起重物件重量不明，不起吊；超负荷，不起吊；吊物上面有人，不起吊；遇大风、大雨及视线不清等恶劣天气影响安全，不起吊。

起重船遇有以下情况，不准起吊：超跨度，不起吊；安全装置失灵、吊机性能不正常，不起吊；照明阴暗看不清物件，不起吊；施工水域水深不够，不起吊。

起重船遇有以下情况，不准起吊：臂杆和起吊物件下面站人，不起吊；来往船舶浪涌影响安全，不起吊。

2.3 其他水工设备

2.3.1 操作舟

操作舟应按相关规定设置航运标志并备有救生、消防及靠绑设备，并加以保管。船上在夜间应有照明设备，没有照明设备的船只，应备有防风灯及电池灯具。乘船人员必须遵守乘船规则，穿着救生衣，服从船员和安全员指挥。船头、船尾、船帮上人员不得站立和骑坐。遇有雨雪、大风天气时，应设置防滑设施。船装载的料具符合安全规定。船到位后，靠稳拴好，搭好跳板后，方可卸料。

2.3.2 气压沉箱

气压沉箱:气压沉箱施工要求施工人员有较好的身体素质。同时要求沉箱工人必须通过培训。培训后，应进行考试，合格者发给“沉箱工人合格证”。在下沉中，必须实时监测沉箱的偏斜情况以便及时纠偏。同时要监测沉箱的受力性状及挖掘地层的地质特征，及时调整下沉速度及采取相应的处理措施。

气压沉箱对于人员进出气闸的规定：在增压时，应注意气压表指针的动态及增压阀发出的声音的高低，以控制增压速度。人员在增压过程中，应含水果糖并做吞咽动作。如感觉耳鼻疼痛应停止增压2min，然后继续增压。如仍感不适，应及时出闸就医。人员出闸前，应向控制室发出信号。人员出闸顺序为：人员进入变压室→下道闸门关闭→关闭进气阀→先微微打开出气阀→此时气阀处有哧哧声音→声音停止→打开上闸门。

气压沉箱：沉箱内应饮用洁净的热开水，但不得饮用盐汽水。沉箱内工作人员在沉箱下沉期间严禁喝酒，沉箱内不得吸烟。空气压缩机的检查、维修、保养工作由空气压缩机操作人员负责。送气管、空气软管、 井立管等接头应及时维修、防止漏气。气闸管路设备由钳工组负责安装和使用期间的维修、保养工作。应对电气系统的绝缘、接地线、开关等经常进行检查、保养和维修，防止电器设备漏电。

气压沉箱：在沉箱工程开工前必须仔细调查有无产生有毒气体等的危险性。当沉箱工作室内可能存在有害气体、爆炸性气体时，应随时用气体检测器测定，及时换气，使有害气体不能达到危险浓度。人员进闸顺序：人员进入气闸室，上道闸门关闭，关闭放气阀，先微微打开进气阀，此时气阀处有哧哧声音，声音停止，打开下闸门。闸门关闭前，应检查橡皮条有无脱出，若脱出用螺丝刀嵌入。

后记

在铁路工程中，不可避免地要用到打桩设备、钻孔机械、深层搅拌桩机等桩工机械设备，时常用到泥浆泵、吸泥泵、潜水泵、打桩船、起重船、挖泥船、气压沉箱等水工设备，本书的出版为一线施工人员更安全地使用桩工和水工机械设备提供了良好的参考资料。在撰写过程中注意把安全管理、安全技术及安全作业有机统一起来，以安全作业为重点图解内容，同时兼顾了安全管理与安全技术相关内容的分析和阐述。

要创造性地采用图画方式将安全问题展现在读者面前，看似简单，实则难度很大。难题之一是有些安全问题用图画难以表达或有很大的局限性，有时甚至无法实现。撰写过程中的另一难题是：绘图人员不懂专业，对工程相关情况缺乏基本的感性认识。这就需要将脚本写得相当详尽，或当面指导绘图工作。即使这样，一般情况下每一幅图也需要经过多次反复修改，方能达到要求。

此外，由于施工机械设备种类型号繁多，只能选取某一型号来表述问题，从而使得读者现场所见到的机械设备可能会与本书中展现的有所不同。加之铁路工程的复杂性，也可能会造成读者实际所处的施工场景与本书所描述的不太一致。对于以上客观原因造成的不足，敬请读者谅解。

本书由石家庄铁道大学张力霆编著。河北交通职业技术学院李永华、郝士华、石家庄铁道大学王扬、王丽娟、张慧丽、吕希奎、吴景龙、温少芳、刘润芬等提供了部分资料。本书插图由石家庄神行动漫设计有限公司赵咏梅、田晓彤、赵静、双江雪、李云霄、袁婷婷完成。中国铁道出版社石家庄铁道大学发行分部赵春虎、于超、杨晓燕对本书撰写也提出了宝贵意见。在此一并表示感谢。

限于时间和水平，书中错误和不妥之处在所难免，敬请读者不吝赐教。

编著者

2012年7月

“图解铁路工程施工安全”系列丛书

1. 图解铁路桥梁基础施工安全
2. 图解铁路桥梁墩台与支座施工安全
3. 图解铁路简支梁制造运输架设安全
4. 图解铁路桥位制梁施工安全
5. 图解铁路钢桥与结合梁桥施工安全
6. 图解铁路拱桥斜拉桥及转体施工安全
7. 图解铁路桥涵综合施工作业安全
8. 图解铁路隧道洞身与洞口工程施工安全
9. 图解铁路不良地质与特殊岩土隧道施工安全及逃生
10. 图解铁路隧道辅助施工作业安全
11. 图解铁路路基本体施工安全
12. 图解铁路路基附属工程及特殊路基施工安全
13. 图解铁路轨道材料作业与运输安全
14. 图解铁路轨道道床施工安全
15. 图解铁路轨道铺设安全
16. 图解铁路通信与信号工程施工安全
17. 图解铁路电力与电力牵引供电工程施工安全
18. 图解邻近铁路营业线施工安全

“图解铁路工程施工安全”系列丛书

19 图解铁路营业线施工安全
20 图解铁路工程拆除作业安全
21 图解铁路工程装卸与搬运安全
22 图解地铁隧道工程施工安全
23 图解铁路工程施工用电安全
24 图解铁路工程施工防火与消防
25 图解铁路工程材料储存与运输安全
26 图解铁路工程起重及垂直运输安全
27 图解特殊天气条件下铁路工程施工安全
28 图解铁路工程特殊环境与场所作业安全
29 图解铁路临时工程施工作业安全
30 图解铁路工程土石方作业安全
31 图解铁路工程桩工与水工机械作业安全
32 图解铁路混凝土与砌体工程施工安全
33 图解铁路钢筋工程与预应力工程作业安全
34 图解铁路工程焊接与动力电气安全
35 图解铁路工程小型机具作业安全
36 图解铁路工程施工安全防护与安全心理